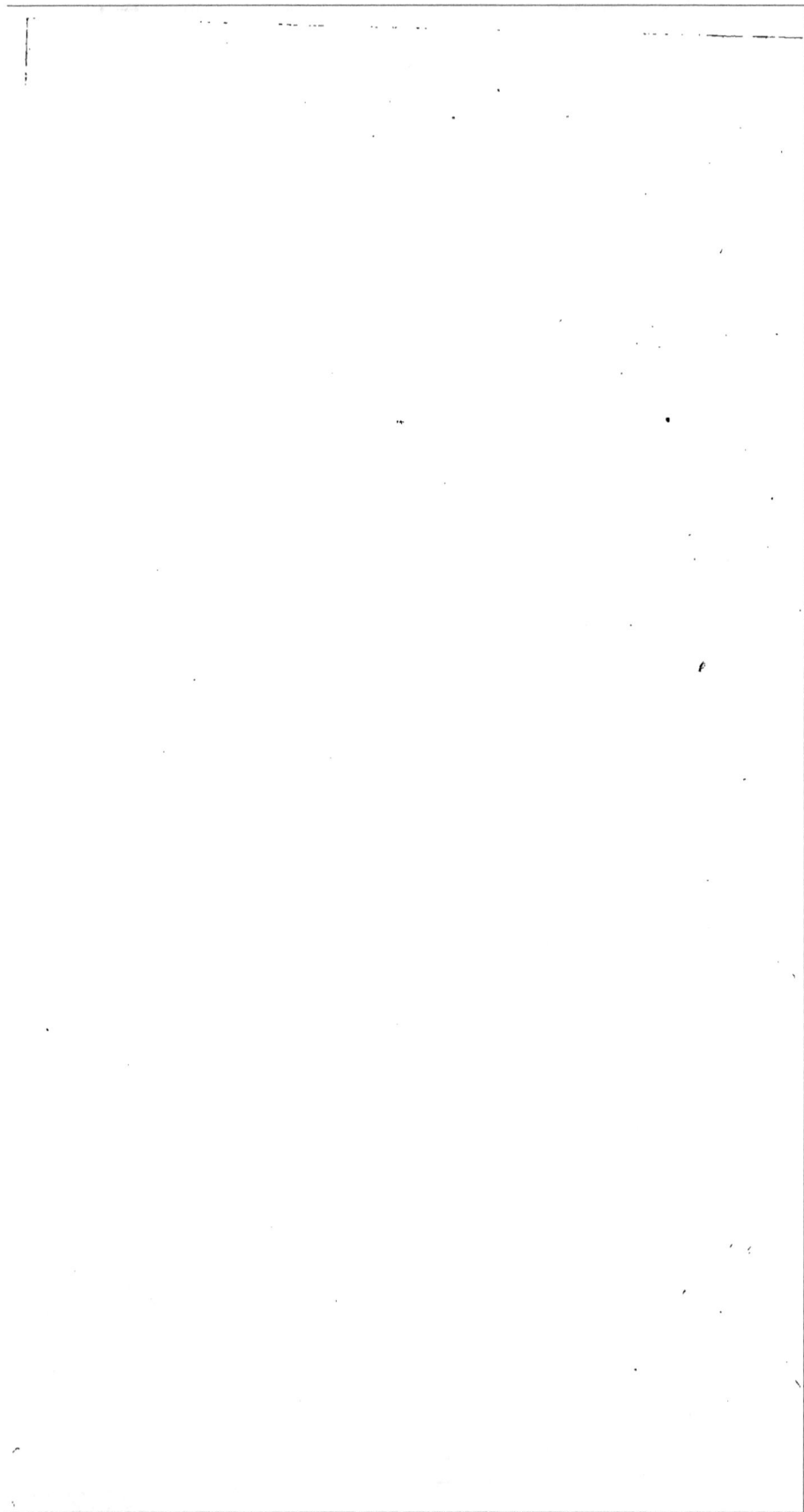

Z.-A. MICHAL

(4 MARS 1801 — 22 MARS 1875).

Z.-A. MICHAL

(4 MARS 1801 — 22 MARS 1875).

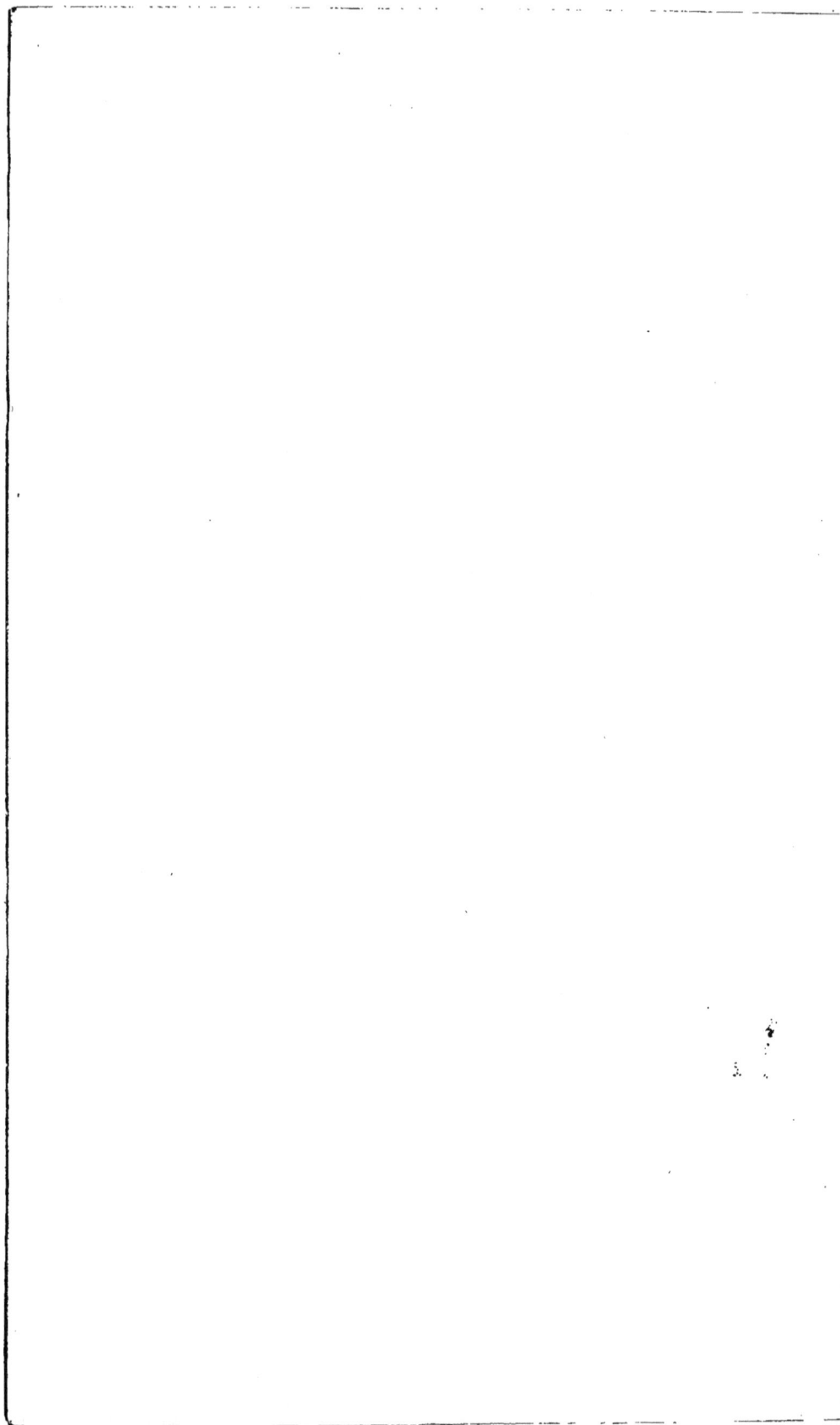

DISCOURS

PRONONCÉ AUX FUNÉRAILLES

DE

M. MICHAL,

INSPECTEUR GÉNÉRAL DES PONTS ET CHAUSSÉES,

Par M. ALPHAND,

INSPECTEUR GÉNÉRAL DES PONTS ET CHAUSSÉES,
Directeur des Travaux de Paris.

MESSIEURS,

Une voix plus autorisée que la mienne devrait être, à cette triste cérémonie, l'interprète de votre juste affliction. C'est à mon camarade, à mon ancien, M. l'Inspecteur général Belgrand, que revenait de droit le douloureux honneur d'exprimer, sur la tombe de l'homme de bien que nous venons de perdre, les sentiments de regret que nous éprouvons tous ; mais une indisposition n'a pas permis à M. Belgrand de payer à cette chère mémoire le tribut d'éloges et de larmes que nous lui devons. Chargé à l'improviste de le suppléer dans l'accomplissement de ce devoir, je fais appel à la fidélité de vos souvenirs pour remédier à l'insuffisance des miens. Les fonctionnaires et agents de tout ordre du grand Service des travaux de Paris ont presque tous connu M. Michal ; leur pensée complétera la mienne, comme leur douleur s'associe à ma propre émotion.

Les hommes comme Michal sont rares, Messieurs. Leur vie, consacrée tout entière au bien, absorbée dans la pratique de toutes les vertus civiques et morales, est, pour les générations nouvelles, un exemple et un enseignement.

J'aurais voulu que le temps me permit de vous rappeler les phases de cette carrière si bien remplie, de vous retracer, en particulier, les travaux considérables auxquels le nom de Michal doit rester attaché et de passer en revue avec vous les titres nombreux qui lui ont valu une si juste notoriété dans le corps des Ponts et Chaussées. Si je ne puis suivre mon vénéré prédécesseur partout où l'ont conduit son activité et son amour du devoir, je dois du moins à une collaboration de quinze ans la possibilité de redire ce qu'il a fait à Paris, théâtre de ses travaux les plus importants.

Sous les ordres d'un chef éminent qui a laissé une mémoire honorée, et dont le nom est encore porté dignement dans le corps des Ponts et Chaussées, M. Michal fut chargé d'abord des travaux des égouts de Paris; plus tard il fut mis à la tête du service de la navigation et des ponts de la Seine. C'est en cette qualité qu'il fit construire ou transformer la plupart des ponts qui relient aujourd'hui les deux rives du fleuve.

M. Michal était dans cette situation lorsqu'il attira les regards du grand administrateur auquel s'était révélée la nécessité d'entreprendre sans délai la transformation de la capitale. Chargé par lui de la haute direction du Service municipal des travaux de Paris, il devint ainsi l'un de ses principaux collaborateurs dans l'œuvre gigantesque qui allait s'accomplir avec tant de persévérance et de succès. Au moment où ces importantes fonctions furent dévolues à M. Michal, aucun choix ne pouvait être plus heureux. Pour occuper dignement un tel poste, il fallait non-seulement un ingénieur possédant tous les secrets de son art, mais encore un honnête homme dans toute l'acception du mot. Il n'est pas difficile sans doute de trouver, dans le corps des Ponts et Chaussées, des ingénieurs unissant à une haute probité les connaissances professionnelles les plus étendues; mais une qualité plus rare devait encore s'ajouter à celles-là. Dans les circonstances exceptionnelles où se trouvait placé le Service municipal des travaux de

Paris, il fallait absolument qu'il eût pour chef l'un de ces hommes à la fois bienveillants et fermes, qui savent allier l'esprit de conciliation au sentiment profond du devoir et parviennent à tempérer par la douceur de leurs formes la rigueur de leurs obligations.

Cet ensemble de qualités si rarement réunies faisait de M. Michal l'homme de la fonction. Ceux qui m'entourent et qui mêlent leurs larmes aux miennes savent que je dis vrai, et pas un, bien certainement, ne contredira l'éloge que je fais de son ancien chef. Doué comme il l'était, laborieux comme il savait l'être, d'une conscience et d'une honnêteté antiques, M. Michal ne pouvait que réussir dans les difficiles fonctions qu'il avait acceptées : son succès y a été complet.

Le public ne voit ordinairement que les résultats, et il ne se rend pas toujours un compte exact des efforts individuels qu'exige l'accomplissement d'une grande œuvre collective. M. Michal a pris une part très-considérable à la construction de ces grandes galeries d'égouts, de ces nombreuses conduites d'eaux, de ces réservoirs grandioses qui excitent à un si haut point la curiosité publique. Il a été pour beaucoup dans le percement des voies nouvelles, dans la création des parcs et des promenades de Paris, dans la transformation des bois de Boulogne et de Vincennes; et cependant, tandis que les noms de quelques-uns des artisans de cette grande œuvre sont devenus populaires, celui de M. Michal est resté presque ignoré. Il faut le dire à l'honneur de sa mémoire, cette obscurité est volontaire : ingénieur éminent, mathématicien savant, mais modeste, M. Michal s'effaçait, pour laisser au premier rang ceux de ses collaborateurs dont il avait reconnu la valeur et dont il aimait à seconder l'initiative.

Vous tous qui m'entourez, Messieurs, et qui avez eu si souvent l'honneur de recevoir les sages avis de notre digne chef, vous savez quel appui, quels encouragements vous trouviez auprès de lui. Nous étions jeunes alors, nous avions les qualités et les défauts de notre âge, notre ardente activité pouvait quelquefois manquer de mesure. M. Michal tempérait alors ce qu'avait d'excessif notre amour un peu tumultueux du bien public; il savait contenir notre fougue et diriger nos efforts en les réglant.

Puis, aux heures de découragement, dans ces moments de dégoût que tous les hommes de travail ont connus, sa nature éminemment cordiale et sympathique exerçait sur nous un autre genre d'influence. Il relevait avec une bonté toute paternelle nos esprits abattus; et ses conseils affectueux, toujours donnés avec un admirable discernement, éclairaient la raison en même temps qu'ils fortifiaient la volonté.

Mais ce n'est là, Messieurs, qu'une partie des éminentes qualités de M. Michal. Les dons de l'intelligence s'unissaient chez lui à ceux du cœur. Il était et voulait rester un esprit cultivé; tandis que la plupart des ingénieurs, emportés par le tourbillon des affaires, subissent, tout en le regrettant, les nécessités de la vie dévorante que notre siècle impose aux hommes de travail, se laissent absorber par les choses professionnelles et oublient les vérités de l'ordre spéculatif, Michal avait religieusement conservé le culte des lettres et des sciences. L'étude des Mathématiques était une de ses occupations favorites; il s'y livrait personnellement, et il était heureux de résoudre avec le concours des jeunes auxiliaires placés sous ses ordres les difficiles problèmes dont l'ingénieur, dans la pratique de son art, est souvent obligé de demander les solutions à la science pure.

Voilà, Messieurs, ce qu'était le fonctionnaire; vous l'avez tous reconnu, j'en ai la certitude. Permettez maintenant à celui qui a eu, pendant quinze ans, l'honneur d'être son collaborateur, et qui a été honoré de son amitié, de vous rappeler ce qu'était l'homme privé, de vous retracer l'aspect de cette vie domestique si calme, si honnête, si vertueuse!

Je l'ai déjà dit, et j'aime à le répéter, Michal fut partout et toujours l'homme du devoir ; il eut toutes les qualités de l'époux et du père modèle ; il fit le bonheur d'une épouse bienaimée, dont l'esprit et les vertus embellirent son existence, et qu'il eut la douleur de perdre trop tôt. Ce fut le plus grand chagrin de sa vie. Heureusement le ciel réservait une compensation à son cœur : il eut la consolation de reporter sa tendresse sur une fille chérie, sur un gendre digne d'elle, sur de petits enfants qui ont été la joie et le bonheur de ses vieux jours.

C'est dans cet intérieur charmant, au milieu de cette famille dont une affection dévouée animait tous les membres, qu'on pouvait apprécier toute la bonté native de M. Michal ; c'est là que s'épanouissaient, comme dans leur élément naturel, toutes les qualités de son cœur et de son esprit.

Aussi ne se séparait-il jamais des siens. Il aimait à les conduire dans cette pittoresque province du Dauphiné, dont il était originaire. Au pied de ces splendides montagnes, témoins des jeux de son enfance, il se plaisait à leur faire admirer les beautés de la nature alpestre, à leur rappeler les sentiments qui l'avaient animé dans sa jeunesse, à se placer seul, avec eux, en face de Dieu et de ses œuvres.

Michal avait profondément l'amour de son pays natal. Il n'était jamais plus heureux que lorsqu'il pouvait échapper un instant aux exigences absorbantes de sa situation et se rendre dans ce beau pays du Dauphiné, où la nature étale toutes ses splendeurs, pour y réparer ses forces usées par un travail incessant. Il y arrivait avec empressement, il le quittait avec regret ; le sentiment du devoir pouvait seul l'en éloigner.

La terre natale n'est qu'une portion de la patrie ; Michal le savait, et il aimait son pays, il aimait la France avec une ardeur vraiment patriotique. Tant que ses forces le lui ont permis, il a considéré comme un devoir de figurer dans les rangs de la garde nationale, et on l'a toujours vu ac-

courir le premier au jour du péril. Les récents malheurs de
notre pays l'avaient vivement affecté, mais sans abattre son
courage. J'ai été le confident de ses angoisses patriotiques ;
je l'ai vu, malgré son âge, unir ses efforts aux nôtres,
pour organiser une défense devenue malheureusement im-
possible.

Lorsque l'heure de la retraite eut sonné pour lui, Michal,
habitué dès ses jeunes années à une vie laborieuse, Michal,
pour qui le travail était un besoin aussi bien qu'un devoir,
ne voulut pas renoncer à servir son pays. Sur les vives in-
stances que lui fit la population entière de la commune du
Plessis-Bouchard, où il avait établi sa résidence d'été, il
accepta les fonctions de maire, heureux de pouvoir utiliser
encore dans ces modestes fonctions ce qui lui restait de
force et de dévouement au bien public. Je vois se presser
autour de moi une grande partie de ses administrés, j'en-
tends leurs sanglots, je vois couler leurs larmes. La douleur de cette foule émue et sympathique est le plus bel
éloge de la gestion de l'honorable maire du Plessis-Bouchard.

Adieu, cher et vénéré camarade. Reçois le témoignage
que t'apportent tes anciens collaborateurs, celui que vien-
nent déposer sur ta tombe ces amis si nombreux, si re-
cueillis, si pleins de ton souvenir, et dont la douleur est
un hommage rendu à tes vertus. Tu as passé sur cette terre
en faisant le plus de bien possible ; tu n'as jamais volon-
tairement contristé personne ; le nombre de ceux que tu
as obligés et secourus est incalculable : toutes ces bonnes
actions, tous ces actes généreux t'ont devancé dans un
monde meilleur, et le rémunérateur suprême te les comp-
tera. Puisse cette pensée, unie à l'expression de tous nos
sentiments, adoucir la douleur d'une famille si cruellement
éprouvée ! Et que ta mémoire vénérée soit, pour elle et
pour nous, une force et une consolation !

3079   Paris. — Imprimerie de GAUTHIER-VILLARS, quai des Augustins, 55.

www.ingramcontent.com/pod-product-compliance
Lightning Source LLC
Chambersburg PA
CBHW061804040426

42447CB00011B/2464